Camarada, Plenitude não 'tá de brincadeira

Josefina Báez

Tradução de Cristiane Lira

Camarada, Plenitude não 'tá de brincadeira
Original title Comrade, Bliss ain't playing
Text Copyright © Josefina Báez
Tradução de Cristiane Lira
Cover Photo © Dulcina Abreu
Photos inside Ay Ombe Theatre
ISBN 978-1-882161-14-0
All rights reserved

No copies of any part without the written permission of author

Baéz, Josefina.
Comrade, Bliss ain´t playing: performance theatre text; performance poetry; non-denominational spiritual practice of an urban devotee; Dominican artist inner diary.

Dedicado ao meu amado mestre espiritual,
Swami Guru Devanand Saraswati Ji Maharaj,
à minha família,
ao teatro Ay Ombe,
aOs Constantes,
aos meus amigos
e a você.

Camarada,
Plenitude
não 'tá de brincadeira

Gramaticalmente incorreto

Mundo sagrado   Oração secular

Cheio de clichés. Propaganda. Sintaxe dançante.

Ladainha para o meu presente
Solilóquio antes de morrer.
Simples. Simplista.
Anotações de diário.

Apelo   comentário   apelação

Todos e nenhum dos citados acima.

Paraíso   na terra   debaixo do
                  céu.

Ela   Isso   Eles
     Ele   Isto   Nós

Politicamente incorreto

Pessoal. Subjetivo. Limitado.
Testemunho. Sonho poético. Ficcional.
Viscoso. Brega. Não. Vegan. Sim vegan.
Frutífero.
Mera propaganda.

Josefina Báez

Camarada, Plenitude não 'tá de brincadeira tem sido, durante a minha vida, a minha companhia. Este é o texto com o qual eu tenho lidado para o sim e para o não enquanto desenvolvia a Autologia da Performance (AP). Eu brinquei com as suas palavras, testando-o em exercícios físicos e também em frases. E quase todos os versos são resultado dos exercícios do processo criativo da Autologia da Performance.
A sua beleza me humaniza. Sua vulnerabilidade me fortalece.

Camarada, Plenitude não 'tá de brincadeira

"Deus, Deus, Deus
Eu não sei onde
cada membro da minha
família está.
Mas você sabe.
E isso me conforta"

Minha mãe Luz Maria
Perez vda Baez

Eu sou uma ascética urbana,
decidindo meus próprios votos
temporários e missões permanentes.
Uma devota urbana,
iniciada exatamente aqui no
centro de Gotham, a mesma maçã.

Eu sou uma freira.
Uma freira não denominada.
Uma freira sem denominação.
Uma freira com benefícios.
Uma freira casada com A Harmonia.
Uma freira dançando com o sagrado e seus
acordes seculares.
Vestida de macacão, apertadamente abraçada
pelo meu homem.
Pelo meu monge.
Homem. Monge.
Monge. Homem. Monge.
Pelo meu homem... Eu
E u
I id
I dentidade.
Id Idem
Ident identidade.

Identidade.
Sentimento priorizado que fotografa uma nação.
Identidade.
Desbandeirada nação.
Identidade.
Nação sem bandeira.
Identidade. Mero sentir.

Idem entidade. Eu.
Incontáveis eus.
Eu Eu Eu Eu.
iperformo. idanço.
itele, você fone.
eurrespondo.
Eu Eu Eu.

De novo, nada de novo debaixo do sol.
Nada de novo debaixo da lua.
Dentro do Deus por dentro há um poeta.
Dentro da Deusa por dentro há um poeta
que faz, se transforma e não se conforma.
É ela uma artista?

Chego até um pensamento.
Induzido, deduzido, elucidado.

Induzida, deduzida, elucidada.
Ou até o exato momento em que
o bater de asas de uma borboleta
parou em uma terra distante.
A semente e a flor
da minha própria revolução.
Não patrocinada.
Não televisionada.
Minha própria rrrrrrr evolução.
Mais que nada.

Mais que nada.
Eu sempre quis escrever esta frase:
Mais que nada.
Eu quis cantar: Mais que nada.
Mais que nada.
Porque eu tenho muitos mais
e zilhões de nadas.
Não. Na. Naum. Nah. No. Nós.
Tantos nós que eu tricotei um caminho de
múltiplos nadas.
Mais que nada.

Mais que nada.
Nada mais que mais.
Viajo.
Viajo para descobrir mais sobre meu próprio eu.
Como qualquer deslocado, sobrevivendo.
Como qualquer viajante, sobrevivendo.
Eu viajo para ver o que vejo em casa.

Eu levo a viagem.
A viagem me leva.
Eu viajo viajando-me.

Eu visitei paraísos na terra.
Mas eles eram realmente paraísos na terra porque eu estava somente de visita.
Depois dessas visitas, concedi à minha vida o seu próprio
Adesivo de ¨visitante da terra¨.
Continuando com o itinerário de turista…
Se a brilhante foto colorida
é arranhada um pouco, ela sangra.
Poucas pessoas do local poderiam nadar…
Paraísos anunciados para o além…
Por favor, veja-o como o purgatório
vivido pela maioria na vida atual.

Olhe nos olhos das
pessoas sorridentes-felizes-festeiras
cheios de ódio.
Fome.
Angústia.
Tristeza.
Países exportam o que precisam
Santos e sábios.
Trabalhadores e amores.
Trabalhadores são amores.
Amores e trabalhadores.
Países exportam o que precisam.
Professores e doutores.
Espiritualidade.
Democracia.
Diplomacia.
Artistas e cientistas.
Flores e frutas.
Sedas e diamantes.
Orações e magia.
Países exportam o que precisam.
Como ensinamos o que precisamos aprender.
Como buscamos por fora o que já temos por dentro.

Na viagem...

Eu viajo viajando-me.

O pacote com o preço mais baixo com todas as comodidades e todos os símbolos-hinos nacionais incluídos.
É impossível relaxar no
paraíso quando você faz parte
das pessoas supostamente sorridentes-felizes-festeiras.
Mas, quando eu escuto a palavra tradição,
me desculpe,
devo correr para o outro lado,
a quilômetros e quilômetros de distância.
Paraísos terrestres e
suas… tradições.

Tenho a minha própria tradição.
Tenho sim!
Não aquela toda colorida, dourada.
Perfeita fotografia folclórica.
Não como belos tecidos pelos quais se morre
ou se dança para viver.
Ou quadris rebolando verdades e mentiras.
Não.
Em minha tradição,

respirar é a única expressão para se manter
vivo.
E você é testemunha disso.
Finja-a, finja-a, fiiiinja-a
e seus pulmões vão reagir
automaticamente.
E é isto. O núcleo.
Agora em cartaz num teatro
tão perto de você que você não pode
esperar para exalar.
Porque você praticamente morrerá.

Eu levo a viagem.
A viagem me leva.
Eu me viajo viajando-me.

Eu tenho migrado desde o meu nascimento.
De fato, a migração torna-se visível,
inicialmente,
no nascimento.
Migrante. Migrar.
Migrando de dor em dor.
Minha existência rapidamente envolvida
pela migração.
Eu me movo de segundos para minutos
de horas para dias

de semanas para meses
e anos e anos e anos.
Migrando todos os dias.
Do dia até a noite.
Da noite até o dia.
Aos muitos lugares onde cheguei.
Dos muitos lugares que deixei.
Paraíso, purgatório, terra,
Todos fazem as mesmas perguntas...
De onde você é?
Eu não sou capaz de identificar de que lugar
é o seu sotaque.
De onde você é mesmo?
Onde é que fica isso?
Ohhhh o nome parece
Tão gracioso – tão exótico – tão estranho
tão diferente de nós.
Paraíso, purgatório ou terra
Todos fazem as mesmas perguntas...
De onde você é?
Quando você vai embora?
Onde está indo?
E se eu dissesse para você que
Eu sou ESTE lugar, vindo, ficando,
Indo, para-por-de-em-no
Eu sou o que sou.

Eu tenho um amigo que tem
A coleção completa da obra de Rumi:
tudo já publicado, gravado, filmado.
Ele até pode recitar muitos
dos poemas na língua original
e nas melhores línguas.
Até mesmo o nome do seu filho
é Rumi.
Mas ele não percebe o
nosso próprio Rumi vivendo
em um canto.
Ele,
nosso Rumi,
rapsodiza a realidade de seu desabrigo como
poesia.
Ele se balança nos ferros do metrô.
Ele circula e circula tentando encontrar
e compartilhar o seu transe.
Como um dançarino dervixe também.
E também bêbado.
Em seu caminho com Deus
e para Deus.
Também.

Eu nunca saberei o que
o outro realmente pensa, sabe ou sente.
E vice-versa.
Sempre vice-versa.
Versa-vice.
Vice.
Versa.
E aí, saber é uma missão fútil
quando nós falamos sobre sentimentos.
Vai entender.

Eu poderia ter também aquele
giz de cera roxo. Como Harold.
Ou eu simplesmente abri aquela
porta chamada potencialidade.
Assim que a materializei,
foi me dada uma segunda
oportunidade em todas decisões
que eu já tomei.
Surpreendentemente, eu tomei as
mesmíssimas decisões.
Agora, sem sombra de dúvidas,
eu não tenho um pingo de arrependimento.
Isto suou e expurgou
todas as doenças ligadas a qualquer
'poderia ou deveria ter sido'.

Pelo menos, eu identifico o X de tudo.
E depois, o convento, a rua,
a igreja, a festa, o ashram e meu lar
são todos iguais.
Não há necessidade de ir a lugar algum.
Tudo está em todo lugar.
Todo o tempo inclui todos os tempos.
Especialmente agora que EU estou com
a minha melhor companhia.

Todas as partições se provaram limitadas.
Leste e Oeste,
com suas bênçãos violentas
e riquezas decadentes.
Norte e Sul,
Rei e serviçal.
O então chamado primeiro, Segundo ou
Terceiro mundo certamente intoxicado
com ligações ausentes e direitos
roubados.
E a overdose de "R"s:
reduzir-reusar-reciclar e abusar da angústia.
O único direito de nascimento herdado aqui,
na tangente,
é a habilidade de dar voz ao seu desalinho,

desacordo, desafino.
Ainda que dar voz à disputa não signifique qualquer passo em rumo a um diálogo decente,
muito menos à solução.
Mas, pelo menos você não será capturado para uma volta por outros marginais ou pelos donos da circunferência, os donos do pedaço.
Você sabe.
E eles sabem que você sabe.

Mas realmente, meu hiperindividualismo começou na minha vida coletiva.
Assim como minhas batalhas começaram de ensinamentos sagrados.
Blasfêmia? Sacrilégio?
Profano?
Ofensivo?
Você deve 'tá de brincadeira.
Minhas palavras, cochichos inaudíveis
Não repelem nem mesmo um mosquito.

Universos estão sempre se desdobrando ao meu redor.

Há um em particular
onde tudo
é como eu desejo;
como eu sempre quis.
Não é um estado de leite moça,
brigadeiro, chocolate granulado e melado
em cima de mel e açúcar mascavo polvilhado.
Não.
Consciência é o gatilho
para alcançar, com total segurança,
o esplêndido espaço.
Render-se é o verbo usado.

O vislumbre do oceano maravilhou
o evanescer.
E eu sou a gota menor de todas.
Eu sou parte da névoa.
Nevoa-me.
Eu me enevoo.
Isto é o mínimo de mim.
Névoa.
Névoa que me faz.
Eu que me faço névoa.
Nevoo-me, névoa?
Como eu reajo aos extremos,
na dor ou no prazer,

diz para você, matematicamente,
meu nível de equanimidade

Eu pensei que o que durasse mais
fosse o mais verdadeiro.
Mas o tempo,
como o conhecemos,
não pode medir a verdade.
O tempo em si é limitado.

Realidade é constante.
Realidade é o que é constante.
O que é constante, é Realidade.
Então, apenas a minha alma vive na realidade.

Tudo. Todo.
Toda rotina é meu ritual.
E potencialidade pura...
minha religião.

Se eu pudesse lhe dizer uma só verdade.
Uma.
Apenas uma.

Conte com as minhas contradições.

De qualquer modo, o que a vida verifica?
Para onde a dança da vida se move?
Uma coreografia divina para o bem do momento?

Domingos têm seu próprio ritmo.
Não importa em que lugar da terra
você esteja.
Domingos não têm passaporte
vistos, bandeiras.
Ou cartilhas a serem seguidas.
A linguagem do Domingo é falada
no mundo inteiro.
Entendida.
E ninguém é um especialista em Domingo.
Quando eu crescer,
eu quero ser um Domingo.

Render-me é a minha única virtude.
Permanecer nela,
meu vício letal.

Mim no meio da névoa da incerteza.
Caminho à Plenitude.
Grata.

... Fala por si.
O silêncio fala por si.

"Antes do sonho real.
Antes do sonho previsto.
Antes do último sonho:
o homem babando saliva".
Um título.

Eu acabei de te ver nos meus sonhos.
E ativamente a noite foi vivida.
Eu tive você nos meus sonhos.
O que acontece agora que meu travesseiro é apenas uma decoração no convite para a noite?
Onde você foi,
amor meu?
Onde você está construindo seu presente agora?

Em outro sonho?
Em outra vida que rapidamente desaparece?
Em outro travesseiro coberto de estampas?
Estampas com muitas flores
ou muitas linhas?
Meu coração, enquanto ama, está parado.
Parado como naquele momento
em que eu apaguei o seu número.
Quando eu realmente sabia o seu número.
E eu permiti que você tatuasse
o seu número em mim.
Você sabia a alquimia do meu
presente.
Pelo menos foi o que você disse.
E eu pensei que realmente você soubesse.
Foi o que você disse.
Será o conhecimento uma constante?
A sabedoria é.
Isto conta quando, momentaneamente,
você esquece?
Ou quando as prioridades mudam?
De qualquer modo, foi só um sonho.
Nem os seus sonhos nem
a sua saliva estão presentes
no meu travesseiro.

Eu te vi.
Eu te vi no pôr do sol.
Eu vi você.
Eu vi você como um pôr do sol.

"O sonho real".
Outro título.

Entrecruzamento na vida
Eu também tive um amor uma vez.
Um sonho de amor.
Um amor de sonho.
O homem dos meus sonhos.
Ele foi anunciado
nos mínimos detalhes.
Vidas passadas e presentes;
gostos e desgotos;
poemas favoritos;
comida favorita,
começo, meio e fim.
Cabeça, coração, cadeiras e carícias em sintonia.
A síndrome "C".
O efeito "C".

Você. Você.
Eis a definição do A M O R.
Eu deveria começar pelo final.
Agora que já não há melancolia.
O banquete de adeus incluía
Alcachofras e romãs.
Mel e amêndoas.
Flores de jasmim e rosas.

Ele se foi.
Ou eu fui?

Nós nos separamos
muito depois da nossa hora.
Ele foi apenas uma das minhas bênçãos.
As outras noventa-e-nove foram
empurradas até que a graça dele
habitasse cada um dos meus poros.
E a plenitude do amor foi escrita
permanentemente
em todo o meu eu.
Vejam. Minha tatuagem de amor. Viu?
No auge do nosso amor
nós nos separamos.
As noventa-e-nove bênçãos afluíram.
Treze anos do mais

completamente-honesto
amor foram previstos.
Viveu. Vivo. Uma vida. Vivida.
... poesia nas mãos e
honestidade em todas as ações.
Silêncio e palavras tinham o mesmo peso
que beijos e abraços.
Duas pessoas diferentes
sonharam o mesmo sonho,
ao mesmo tempo, na
mesma cama.
Foi assim com a gente.
Era o presságio rascunhado do adeus.
Nossa privacidade era firme.
Nosso amor era somente para nós.
Somente por tempo limitado.
O mesmo astrólogo que previu
sua chegada, escreveu-me uma carta
sobre a sua partida.

Ou a minha?

Um amante desonesto pela
vida inteira ou o mais absoluto
saudável e honesto
amante por treze anos.

Difícil?
Não há necessidade de esperar
para decidir na lua nova.
Lá mesmo, eu disse para ele.
Agora, eu escrevo,
apenas me dê treze anos
do mais honesto amor.
No dia em que eu o conheci, ele me perguntou
se eu poderia me casar com ele naquele dia.
Eu disse para ele que não tinha tempo,
mas eu poderia
encaixá-lo três dias depois.
Negócio fechado.
O encaixe?
O casamento e o encaixe!
Em três dias nós estávamos
casados.
E docemente encaixados também.

Alcachofras e romãs
para o banquete do casamento.
Calda de tâmaras e pétalas de rosas
criavam os alimentos.
As baladas do mestre John Coltrane
repetindo-se sem parar

agraciavam os silêncios.
Flores de jasmim por todo o nosso corpo.
Um contrato de amor foi elaborado:
Honestidade acima de tudo
Toques físicos diários
Amar mais que comer
Comer mais que brigar.
Sorrir e gargalhar muitas vezes.
Por favor, não fale em sua língua
quando eu estiver chateada.
Porque eu imediatamente vou
esquecer as minhas razões
com a sua melodia.
Eu sinto o mesmo. Eu concordo.
Não permitimos ninguém em
nossa casa – em nossa cama – em nossas
férias – em nossa poesia.
Meus livros são meus livros.
Você pode lê-los.
E vice-versa.
Minha música é minha música…

Sonhos prazerosos me despertam
com poesia precisa.
Sementes de romã espalhadas
e deixando

tornos e contornos
No torso do meu amante.
Esta é minha religião.
A oração me desnuda.
A oração o desnuda.
Esta é a nossa religião.

De novo, não era um sapo, não era um príncipe.
Era um homem.
Um homem com verdade.
Transparência. Alegria.
Um amante do amor.
Seu amor.
Ele é a sua companhia para os momentos mais cotidianos.
Momentos antes ou depois da celebração eufórica.
Momentos antes ou depois das partidas e lágrimas.
Pra vida inteira.
Vida.

Ele foi...
Ou eu fui?

Uma pessoa não pode ter todas as bênçãos
ao mesmo tempo.
Uma das opções mais ricas
sempre será a de conscientemente
decidir qual bênção irá faltar.

Eu decidi.

Eu tenho mais perguntas
que respostas.
Duvidando sem estar insegura.
Amadurecendo com um sorriso.
Aproximando-me da minha própria
morte de braços abertos.
Prioridade é somente uma ordem,
não uma urgência.
Nenhuma sugestão de celebridade seguida.
Nenhum modismo televisivo imitado.
Então eu, nós continuamos…

Eu corri até o fim
do mundo.
O lugar onde o tempo começa
termina-começa-termina.

E veja só. Quem eu encontrei?
Sim, eu mesma!
mim, mim, mim.
Eu no limiar do
Horizonte dos Eventos.
Eu não posso explicar isso melhor
que versica.

A lua Nova de hoje está florescendo
cheia esta manhã de manhã.
A lua Nova de hoje me acordou com uma
canção.
A canção era cantada por muitos.
Muitos de nós foram curados... por uma
canção.
Uma canção política.
Uma canção de política particular.
Alcachofras.
Sim, alcachofras.
Para além de direita, esquerda ou centro.
A política da alcachofra:
Muitas folhas na mesma raiz,
Total devoção para uma,
toda a atenção para cada uma por vez.
E sempre conte com um

coração requintado.
O partido da alcachofra é o meu tipo de partido preferido.

Querida Camarada Plenitude.
Camarada Plenitude.
Plenitude.
Pleni.
Camarada.
Querida Camarada Plenitude
No último verão,
eu estava fria
Camarada.
Querida.
Camarada Plenitude,
você já dançou nua?
Acho que você sempre dança nua.
você É plenitude.
A sua dança lhe veste.
Abotoa-lhe e lhe fecha os zíperes.
Camarada Plenitude,
Eu vi um bar de *strip* com o seu nome.
Eles faziam propaganda de happy hours.
Claro... happy hours
na casa da Plenitude.

Nada menos que happy hours.
Pleno com top.
Sem top.
Toppleno.
Plenotop.
Com as melhores considerações…

Eu fico.

Camarada,

A pergunta que eu não quero uma resposta,
eu pergunto em silêncio.
Danças que eu não quero que outros dancem,
eu as danço solitariamente.

Hoje à noite, eu vou ler um livro que não
usa um só asterisco.

Mas, antes que o silêncio se instalasse,
Um som monossilábico foi
murmurado.
Você já estava em silêncio.
Eu ainda me afogava em palavras.

Eu não pude deixar de sorrir
para mim mesma.
Rir comigo mesma.
E chorar por mim.
Eu lembro do silêncio
sem medo.
O silêncio da ignorância.
O silêncio pela omissão.
O silêncio pela violência.
O silêncio pela raiva.
O silêncio de quando a memória
nega qualquer acesso a si mesma.
O silêncio quando um simples resfriado
circundou e amarrou minhas cordas vocais.
O silêncio selecionado como
minha própria escolha.
Silêncio.
Silêncio.
Muitos silêncios.
Cúmplice.
Não comprometido.
Intocado.
Destacado.
Todos tiveram silêncios.
E eu tive todos
estes silêncios.

E você veio com palavras
que eu não ouvi.
Que você não pronunciou.
Silêncio no meio
de todos os sons.
Silêncio ou o comecinho do som.
Você se silenciou.
Você silenciou tudo.
Você silenciado.
Silêncio.
Você.
Silêncio. Eu não pude fazer nada,
senão te amar.
Te adorar.
Ou aprender a sua forma de amar.
Amor verdadeiro.
Amor constante.
Em silêncio.
Em silêncio, nós somos um.
Um é em silêncio uno.

Um é.
É em.
Em silêncio.
Silêncio Uno.

Um é.
é um.
um é.
é um.
em é.
é em.
em silêncio.
silêncio em.
em silêncio.
silêncio uno.
uno silêncio.
silêncio uno.
Um é em silêncio uno.

É tão verdadeiro.
No momento preciso do amor, há silêncio.
Amor em silêncio.
Silêncio no amor.
Amando em silêncio.
Em silêncio... amor.

E no silêncio, estamos sós.
Estamos sós juntos também.
A solidão veste o silêncio.
E vice-versa.
O silêncio veste a solidão.

Versa-vice.
Vício-versa.
Sem virtude.
Sem vício.
Versa-vice.
No Woman.
No cry.
Sempre vice-versa.

Eu não quero perder o meu silêncio nunca.
Nunca.

Palavras entram, sim, no caminho.
Especialmente quando falamos
sobre silêncio.
Obviamente.

Muitas vezes eu disse
que era a minha consciência
que tinha falado,
que a minha consciência
havia me levado a decidir isso ou aquilo.
Mas a minha consciência reage
com silêncio e quietude a tudo.
A tudo Ela reage com silêncio.
Silêncio prístino.

Silêncio artesanal cheio de todos
os sons. ..E Quietude.
A Quietude é a origem de todos os
movimentos.

Então, eu estava ouvindo vozes?
Eu estava.
Eu ouvia vozes antes de me encontrar
com o Silêncio.
… através do Silêncio eu vou a…a…a…
Minha voz.

Minha voz é repleta de silêncios.
Andando de mãos dadas com você,
Silêncio… o olho ordinário
nem se quer lhe nota.
Esta é a única razão
pela qual eles me chamam
a viúva em silêncio.
A viúva do silêncio.
E a alma de todas as viúvas
dança o epítome do silêncio.
Almas em um só diálogo.
De silêncio em silêncio.

Em silêncio, eu encontrei…

mais silêncio.

Silêncio...
Eu não posso descrever a nossa ligação.
Plenitude é o que há de mais próximo.

O silêncio é a mais fina arte.
O coração do meu artesanato.
O artesanato do meu coração.
Sim, o artesanato...
silêncio.

Minhas palavras se tornaram
mais sábias que minhas ações.
A única forma de balancear
este triste assunto,
Sim,
eu te escuto.
Silêncio.

Tradução de Camarada, Plenitude não 'tá de brincadeira e artigos acadêmicos Cristiane Lira.

De Bliss à Plenitude

"Uma parte de mim é todo mundo:

outra parte é ninguém:

fundo sem fundo.......

.........Traduzir uma parte

na outra parte

-que é uma questão

de vida ou morte –

será arte?

(Ferreira Gullar, *Toda poesia* 335).

A epígrafe acima é parte do poema "Traduzir-se". Neste, Gullar trata da aproximação dos opostos na tentativa de explicar as confluências geradas pelos polos e que alcançam, assim, uma possível resposta do que seja o ato de traduzir a si mesmo. Dessa maneira, o exercício de traduzir carrega em seu bojo a tônica da junção dos díspares, a união dos paradoxos, o momento em que duas linhagens, rio e oceano, desembocam no mesmo pranto gerando um rioceano. Creio que mais uma façanha do poema de Gullar se apresentou para mim ao trabalhar ao lado de Josefina Báez na tradução de seu livro "Comrade Bliss ain't playing." Se fazer tradução já é ato que alguns enxergam como sacrílego; afinal, e me perdoem os céticos, muito se perde neste exercício, no caso essencial de "Bliss" – como chamamos entre os íntimos desta poética que escorre da e pelas entranhas mais recônditas – muito foi ganho. Traduzir "Bliss" foi, sobretudo, um ato de brincar com as palavras, de sentar com elas com um copo de café (ou chá) ao lado e exercitar a nossa criança, aquela que aprende novos sons e ri ao recitar novas rimas. Não tentamos forçar a língua inglesa, original do poema, na melodia do português, pelo contrário, tentamos encontrar, juntas, Báez e eu, as esquinas nas quais os idiomas se cruzavam, muitas vezes, aliás, recorrendo a outros como o espanhol e o francês. Traduzir "Bliss" se transformou, portanto, na melhor compreensão do poema de Gullar, afinal, "traduzir uma parte / na outra parte / será arte?" Fica a minha resposta: o percurso é.

As inúmeras tentativas de se ler e se permitir habitar a própria pele, o próprio corpo e conviver com as próprias contradições é o acontecimento da arte no dia a dia, o despertar da consciência de que, se podemos contar com algo, que seja, como Báez aponta, com as nossas próprias contradições.

Traduzir "Bliss" foi também traduzir a mim, buscar as palavras que na minha leitura de "Bliss" pudessem construir a ponte necessária para entender a poética de Báez. Tradução, ainda, que se deu ao lado da própria autora com quem passei algumas manhãs lendo e relendo, modificando, tecendo, traduzindo a própria tradução na tentativa do encontro com a palavra – não a perfeita – senão a na medida correta da nossa sede. Foi daí que "Bliss" se tornou "Plenitude." A palavra "Bliss" que é felicidade, se fosse mantida simplesmente como "felicidade" perderia, na nossa opinião, sua ideia de "bolinha de sabão" – brincante, fugaz e, mesmo assim, extremamente forte e presente; por isso o surgimento de "Plenitude:" sensação que vem de dentro, felicidade intrínseca, "pós-bliss." Com nossa tradução, criamos a ponte – o percurso – entre uma e outra. Que surjam, agora, novas pontes começando desta que deixamos aqui até você.

Josefina Báez não está de brincadeira: negociando o seu espaço através do sagrado e da delicadeza

Com um convite à oração
Estou de pé sem o saber
Desconhecida posição
E o silêncio se fez.

Se existe uma única palavra capaz de definir a minha experiência com a leitura de *Comrade Bliss ain't playing*, eu diria que esta é "diálogo." Conversa íntima que escorre do meu eu particular até entrar em contato com as profundezas do percurso desenvolvido por Báez em seu texto. *Bliss*, como passo a nomeá-lo a partir daqui, é uma chamada para um mergulho interior, desvelando-se em forma de jornada que percorro ao lado da voz lírica que se prosta completamente nua não para que eu a explore senão para que caminhe ao seu lado.

Neste trabalho, desejo apontar os caminhos pelos quais, de mãos dadas com a poesia, fui levada e também conduzi, agora com a minha leitura, aos mais recônditos lugares da alma lírica de Báez, a fim de perceber os mecanismos que ela utiliza para negociar o seu espaço no mundo. Suas armas, na luta para o "descolonizar," valendo-nos dos ecos do trabalho de Nelson Maldonado-Torres em *Against War*, quando ele fala a respeito da necessidade de que os "deixados de fora – os marginalizados" sejam ouvidos, além de se tornarem sujeitos a partir dos quais temos tanto a aprender (246) – são (as armas): em uma mão, o sagrado; na outra, a delicadeza. Uma vez que são, por si só, elementos que não soam como as metralhadoras que disparam em uma guerra, vemos o posicionamento de Báez desde o lado de fora do círculo desta, lutando para que vozes dissoantes sejam inclusas nas "discussions about the future of humanity," (246) ainda segundo Maldonado-Torres, ao mesmo tempo que, com isso, inclue, também, a própria voz. Lembro, ainda, que Maldonado-Torres não foi minha única companhia no apoio para compreender a negociação do espaço de pertencimento de Báez, acompanharam-me, também, as ideias de Stuart Hall em "Cultural Identity and Diaspora," a leitura apaixonada do cotidiano intrínseco em "Dominicanish" feita por García-Peña em "Performing Identity, Language, and Resistance," o trabalho de M. Jacqui Alexander em *Pedagogies of Crossing*, os pertinentes apontamentos de Denilson Lopes em *A delicadeza: estética, experiência e paisagens*, além do eco de outras vozes que serão chamadas para o diálogo quando necessário para evidenciar as trilhas que percorri. A jornada começa, portanto, através do processo de negociar. O negociar: Josefina Báez não está de brincadeira.

> Se eu te compro uma canção
> Você dança para mim?
> Ela me disse que não.
> - A missão é você dançar comigo desde within.

Dentre os diferentes sinônimos que existem para o ato de negociar, um deles, segundo o dicionário, é "o comprar e o vender". Se partirmos deste pressuposto, uma vez que temos o contexto da modernidade que se centra em uma ideia capitalista, poderíamos dizer que a identidade de Báez é construída através da atividade da "compra" de um espaço de pertencimento através da "venda" dos percursos do sagrado e da delicadeza. Não podemos esquecer, porém, de que dentro do "mercado" do cânone histórico-literário, a moeda que Báez possui não é a de mais alto valor. Logo, como negociar? Com uma moeda desvalorizada no mercado das temáticas que são colocadas no centro, qual é o espaço dela? Trata-se do espaço da dupla/ tripla margem. Entretanto, este não é desagradável para Báez é, pelo contrário, o espaço desde onde ela pode resistir.

Segundo a autora, em entrevista concedida por Skype no dia 17 de abril de 2012, ela sabe o que precisa dizer para que os outros gostem dela. Deveria explorar, por exemplo, a questão de que nunca foi à universidade, de que é negra, de que é imigrante, mas não vai fazer isto porque escreve "from her heart." Isto não significa, porém, sempre de acordo com Báez, que ela lute contra a história pessoal dela. Em via contrária, é a sua história pessoal – suas contradições – como ela expõe em *Bliss*, "If I should tell you one truth. / At least one. / Count on my contradictions," (83) que são o fulcro desde onde ela parte para construir sua lírica.

Já no título do seu texto, *Comrade, Bliss ain't playing* vemos esta fusão. Por um lado, existe a captura da linguagem falada através da construção do título com "ain't playing" e a utilização do termo "camarada" tão forte na década de 70, como destaca Báez na entrevista. Por outro, a presença de "Bliss" quebra a noção de cotidiano brutal, aproxima o urbano do simbólico, envolvendo-o em uma cápsula poética que permite múltiplas interpretações. Com isso, vemos que embora Báez deseje fazer parte, não é através das vias fáceis que ela encontra o seu caminho, em suas palavras, "what I have to say doesn't sell, but I am not in the business for that." A negociação do pertencimento dá-se na afirmação do seu posicionamento, afinal, como já apontava Hall, "identities are the names we give to the different ways we are positioned by, and position ourselves within, the narratives of the past" (225). O lugar da voz lírica de Báez, portanto, ecoa também a sugestão de Hall de que a identidade como produção nunca é completa, está sempre em processo e se constitui de dentro para fora, não de fora para dentro (222). Daí dizer que Báez conduz a negociação, posicionando-se desde fora – conforme já mencionamos – na tentativa de criar o espaço de resistência não só ligado às minorias do ponto de vista do que tanto já foi explorado – como dos sulbaternos do poder – senão como resistência também aos próprios discursos do cânone histórico-crítico-literário. Lembrando, ainda, que o seu posicionamento faz com que outros que entrem em contato com a sua lírica/performance fiquem desconfortáveis, convocando-os à ação, contudo, a maneira como ela se conecta com as pessoas é pelo desenvolvimento do próprio eu, não através de discursos panfletários. É como a conexão de uma alma com outra alma, identificação interna que evolve ação.

De acordo com Báez, *Bliss* é o seu texto mais revolucionário, porque não é étnico, trata-se, por outro lado, de um espaço de desenvolvimento da consciência, que gera poder desde dentro, porque é a acumulação de uma aprendizagem que é uma amostra de toda a sua vulnerabilidade sem esperar qualquer retorno. Assim, *Bliss* é a própria ideia do equilíbrio, de uma harmonia interna – termo que, segundo a autora, traduz melhor a ideia de *Bliss* porque "felicidade" – que seria a tradução direta para o português "é muito coca-cola," ou seja, está ligada a um projeto comercial que é, justamente, o que Báez deseja evitar. *Bliss* nasce do desejo de que o outro lado do rio de nós mesmos possa ser ouvido. Explico. Em um mundo como o nosso, onde as pessoas só se preocupam com o "possuir" com o "negociar" para "ter," Báez propõe o "negociar" como forma de "ser." Logo, ela não mais "tem" um espaço. Ela se torna o seu próprio espaço de intervenção, seu corpo, sua palavra, sua escrita "não estão de brincadeira,

"apresentam-se preparados para a resistência, contudo, surgem como Nietzsche apresentava, "com pés de pomba."[1] É na leveza, no silêncio, no contato com o que há dentro de nós mesmos – com a rainha do nosso território: a nossa alma na sua perfeição – que impedimos que o mundo

---

[1] Segundo Nietzsche, ao falar de Zaratustra, "as palavras mais quietas são as que trazem a tempestade, pensamentos que vêm com pés de pomba dirigem o mundo" (366).

externo nos mova, tornando-nos "a walking temple," o "espaço que somos," e esculpimos, com mãos hábeis de artesão, esse espaço desde onde nos configuramos em diálogo com as origens que nos irmanam, mas não nos fazem iguais, haja vista que o que temos dentro de nós mesmos é único.

Por sua natureza de silêncio e profundidade, em um universo perpassado pela velocidade, pela violência, o instante já, e a política do externo, a literatura – que é, possivelmente, uma das maneiras de entender o caos – o que não significa dar-lhe uma ordem - parece querer fazer-se de espelho para o real. Entretanto, é preciso que, como clama Báez, o outro lado desta seja visto também. Dessa maneira, é necessário que os textos que clamam por silêncio, suavidade e internalidade também tenham o seu espaço sendo inscritos no corpo social, traduzindo uma essência que se perdeu no meio dos sons, lembrando-nos da necessidade do silêncio e da conexão com o todo, afastando-nos do fragmentado, na tentativa de nos conectarmos de novo ao novelo do qual nos perdemos.

Daí dizer que a lírica de Báez em *Bliss* aproxima-se das características que o crítico brasileiro Godofredo Oliveira Neto em "O pós-pós-moderno: novos caminhos da prosa brasileira" apresenta como sendo os rumos de uma nova literatura, posto que é uma manifestação "que poderíamos chamar de pós-pós, [em decorrência da] exposição das relações humanas mais delicadas e consentâneas da necessidade de uma realidade menos bestilizada" (225). Além disso, o estudioso ressalta a necessidade de que sejam vistos os "sinais de esgotamento de uma estética violenta, fragmentada e febril," (226) sugerindo, portanto, que está ocorrendo uma modificação na estética literária e que Báez, em alguma medida, está em diálogo direto com esta através da performance dançante que faz para *Bliss* ao negociar a sua história, recusando-se ao encaixe; permeando os barulhos da cidade com o silêncio que vem de dentro de si mesma que são tanto a sua história – com "h" minúsculo; quanto a História – com "H" maiúsculo.

A poética do cotidiano: a harmonia de *Bliss*

> Se é a literatura
>
> o espelho do real
>
> Que se quebre o espelho
>
> e que venham os sete anos de azar
>
> sete anos perpassados pelo outro lado
>
> este que não cabe nos livros
>
> porque não lhe querem
>
> o acordar e o dormir cotidianos
>
> e no meio disso,
>
> o silêncio.

O texto de Báez é uma canção. Interessante é observar que a tradução do título deste para o espanhol foi "Canto de dicha suprema," anunciando seu aspecto sonoro e, ao mesmo tempo, interior. É quase uma prece no meio da avalanche de informações que nos bombardeia diariamente para que paremos e respiremos *Bliss*. A respeito do seu caráter, acreditamos que dialoga, conforme mencionamos brevemente, com a estética da delicadeza. Esta foi cunhada pelo crítico brasileiro Denílson Lopes e parece ser fundada, conforme o crítico, "no quietismo quase-oriental, no silêncio, na não-ação," (15) além de "uma poética da intimidade. . . que se contrapõe a uma estética da violência e do excesso tão valorizada pela crítica e pelo público hoje em dia" (18). Vê-se, com isso que "a delicadeza não é, portanto, só um tema, uma forma, mas uma opção ética e política, traduzida em recolhimento e desejo de discrição em meio à saturação de informações" (18).

Logo, quando Báez traz para o seu texto uma performance da fala, conforme menciona Garcia-Peña ao discutir *Dominicanish*, – que dialoga com as noções de não-pertencimento, ao invés de gerar imagens gráficas para falar desta situação exílica, vemos o seu posicionamento político de evitar o diálogo com a violência. Ela não pinta corpos externalizados do corpo que é a nação, antes, relembra-os com

I dentity. I dent it why? Identity. A prioritized feeling that photographs a nation.
Identity. Flagless nation.
Identity. A nation with no flag.
Identity.
Identity. A mere feeling.
Iden tity. I

Com isso, ela ressalta a possibilidade de tocar no tema com a delicadeza e a força da voz, ressaltando, por ela, os contrastes pelos quais a identidade se constitui.

Além disso, se pensarmos no texto inteiro de *Bliss* que foi, conforme Báez mencionou em entrevista selecionado para o trabalho de performance, vemos já que desde o princípio a voz lírica se preocupa com a apresentação de situações que contrariam discursos prévios, mas sempre com passos leves. O uso do repetido vocativo "God, God,

God" aproxima o texto do tom religioso, mas este é quebrado quando da construção da imagem da freira. O uso dos signos / significados assume um rumo completamente distinto. A linguagem que traz consigo toda uma bagagem social, espécie de tatuagem nos corpos textuais históricos é borrada por Báez, pois uma freira já não é uma freira, senão "a nun with benefits." A construção do signo de divino assume proporções de aproximação e afastamento. O primeiro em relação ao próprio sujeito enunciador, já o segundo em relação aos discursos religiosos, especialmente, neste caso, o católico. Deus se transforma, assim, em algo que é parte de si, "God within is a poet. / Goddess within is a poet with action. / Is she a performer?," trazendo, ainda, em seu escopo questões de gênero que ressaltam o "caminhar de pomba" de Báez. Percorrer o seu caminho é aprender a ouvir e a ler os diversos sinais que ela deixa, como este que dá poder ao feminino, demonstrando a noção de que a História ainda tem muitas dívidas a acertar com o divino feminino que tanto foi excluído e que hoje, para ter o seu espaço, só o consegue na e pela ação, afinal, como a própria Báez se nomeia, ela é a freira com benefícios. A religiosidade está lá, mas o diálogo que estabelece com esta parte dela, não é a imposição deste na posição de oprimida. Ela é. Ela tem os benefícios da situação.

Seu desejo de não repetir sistemas historicamente empregados parece sugerir resistência, negação e, sobretudo, a geração de um espaço à parte à geografia do poder. Na minha visão, este espaço surge e funde-se em Báez, no seu corpo e na sua alma. Sua voz, assim, faz-se presente ao se dar conta do quanto contém de si e para si em seu corpo – sua própria geografia – seu próprio paraíso na terra; ao mesmo tempo que renega qualquer inscrição social – tornando o silêncio – que para nós pode ser lido como a ausência da normatização social utilizada como poder para domesticar a outrem – seu refúgio, complemento do espaço ideal – seu ponto de harmonia, sua Pasárgada se nos valermos do signo de utopia que Manuel Bandeira propõe, lembrando porém que talvez para ela este espaço, de fato, não possa ser o mesmo das propagandas de margarina². Não está no imaginário, pode ser encontrado agora mesmo no nosso íntimo, basta que entremos em contato com ele.

O íntimo nos dirige à segunda arma de Báez que é, para mim, o manuseio do sagrado como manifestação interior (talvez o reflexo da identidade no espelho?), uma vez que também não pode ser construído de fora para dentro, senão como um diálogo do interior para o exterior, exatamente como Hall fala da identidade. A este respeito temos as considerações de M. Jacqui Alexander ao propor que os significados do espiritual estão relacionados à maneira como as pessoas – e aqui ela fala sobretudo das

---

[2] Ao mencionar isso, pensamos em todas as narrativas das propagandas de televisão na qual há sempre uma família feliz – normalmente, pai, mãe e filhos (nunca uma família como as modernas que podem ser constituídas das mais diversas formas) – comendo o café da manhã e utilizando a margarina. Tratam-se de propagandas extremamente apelativas para o público, como uma receita de felicidade cotidiana que pode ser acionada a partir da aquisição do produto de consumo. Báez, conforme eu proponho e ela endorsa na entrevista, trata de se afastar disso completamente. A felicidade não pode, pois, ser algo comercial.

práticas espirituais africanas – costumavam entender e se relacionar com o mundo ao seu redor (293). Neste sentido, Báez utiliza a sua própria interação com o sagrado – a relação com o seu templo interior – para compreender o próprio mundo, inserindo-se nele, escrevendo, cotidianamente, a própria história. Neste sentido, valendo-se dos apontamentos de Alexander, também o corpo de Báez "becomes a site of memory, not a commodity for sale, even as it is simultaneously insinuated within a nexus of power" (297). Dialogando, diretamente, com a nossa proposta de que Josefina Báez – tanto quanto "Bliss" – não está para brincadeira tampouco à venda. Seu espaço é o lugar sagrado, seu templo, reservado à compreensão de si mesma e, como já mencionamos, ao desenvolvimento da consciência.

Uma vez que a voz lírica de Báez – em uma aproximação – reclama o espaço de "Deusa" ao falar a respeito de que "Goddess within is a poet / with action. Is she a performer?," costurando a própria dúvida a respeito da "Deusa" à sua experiência pessoal, observamos o diálogo com as ideias de Alexander ao falar sobre a sensibilidade espiritual presente em pessoas que enxergam a conexão com o divino partindo de dentro de si mesmas (300). Colocando Báez em diálogo com Alexander, é possível dizer que os versos de Báez – "Goddess within is a poet / with action. Is she a performer?," ilustram a demonstração do entendimento de si mesmo costurada à uma energia que é sagrada. Em Báez, no caso, a sua natureza de fazer performance, especialmente, no momento em que traz o silêncio para o centro desta.

Para mim, ainda me valendo da leitura do sagrado proposta por Alexander, é como se Josefina Báez fizesse a prostração de seu "eu" no texto através do processo de se tornar "eu" mas em contato com o sagrado - contato que se dá no e pelo silêncio - revelando uma personificação do sagrado nela mesma, tornando-se, portanto, um. Dessa maneira, o silêncio em Báez é o conhecimento espiritual através do qual a ideia sagrada está baseada, podendo ser capturado como o antes, o durante e o depois, tratando-se do espaço *entre* as palavras, "silence in the midst of all noises." Entretanto, mesmo sendo o *entre* palavras, existe a tentativa para a não contaminação com elas. É no silêncio e pelo silêncio que o corpo se reconhece como espaço possível de resistência, "In silence / In silence we are one / One is is silence oneness," que demonstra a comunicação com o divino e a fusão das forças que falamos anteriormente, ecoando, também, o discurso da luta. Com isso, parece-nos que a voz lírica reconhece a importância do silêncio como um aspecto temporal, "silence when the memory denied acess," mas também, como mencionamos previamente, espaço, haja vista que é no espaço do silêncio que se condensa a possibilidade do habitar personificado:

> One is
>
> is one
>
> one is
>
> is in
>
> in is
>
> is in
>
> in silence
>
> silence in
>
> in silence

Sendo assim, *Bliss* é encontrado no espaço *entre*, na geografia do *meio* e, aqui, conforme temos tentado explorar, esta geografia funde-se no hífen que nos constitui, que forma a nossa identidade, na ponte que nos conecta ao mundano e ao sagrado, ao interno e ao externo, ao grito e ao silêncio.

Tomando posse da terceira margem

Um dia

brinquessonhei

que era rio

Neste dia,

encontrei o espaço que

sou.

Partindo do que desenvolvemos até aqui, retomamos a ideia da negociação de espaço por Báez através do sagrado e da delicadeza, ressaltando que o lugar que Josefina Báez desenha é aquele no qual todas as migrações possíveis se realizam. Como a voz lírica ressalta, por um lado, "I have been migrating since birth. In fact migration / first comes visible exactly at birth. / Migrant. Migrate. Migraine," ressaltando-se, com isso, o movimento, a saída, a chegada, além de ecoar os primórdios de uma noção de exílio. Contudo, seria ingênuo considerar que estas inscrições históricas estejam tatuadas no corpo lírico. Pelo contrário, a explosão de sentidos e negação destas *verdades universais* surge com

>To many places I have arrived.
>From many places I have left.
>Heaven, purgatory or earth.
>All ask the same questions:
>Where are you from?
>When are you leaving?
>Where are you going?
>Like if a "place" would be a thing,
>What about if I tell you that
>I am THAT place, coming, staying, going.
>I am that I am.

Como podemos ver, no trecho supracitado, a voz lírica assume o espaço da passagem como sendo si mesma, seu corpo, a saída, a chegada, o ficar. Partindo disso, como tomar um espaço de alguém, que está em si mesmo? Se de uma forma todas as migrações se tornam possíveis, assumir-se como a própria pátria de si mesmo, retira o poder do outro de banir, porque se é o próprio espaço. Trata-se de saber "who walks with you" – ainda ressoando as ideias de Alexander – fazendo-lhe "company on the long journey" (311): o espírito. Logo, a beleza geográfica reside em saber-se lugar e, nesse caso, senhor/senhora deste lugar.

Partindo do que vimos até aqui, notamos que a negociação de espaço que Báez empreende através de *Bliss* clama por ser uma jornada somente para que ao fazermos parte dela, descubramos também o espaço que somos. Trata-se de uma geografia palpável que requer o exercício diário do sagrado e da delicadeza para que se solidifique, transformando-se no espaço que nos permite resistir ao que tenta nos moldar. Aprender a compreendermo-nos como o *entre*, assim como a voz lírica descreve o silêncio, talvez seja o processo de travessia mais relevante para o encontro com o que não pode ser descrito ou, nas palavras de Báez, "silence. . . I cannot describe our bond / Bliss is the closest." Encontrar esta harmonia dentro de nós mesmos, evitando a felicidade anunciada nos anúncios de coca-cola, requer ação e esta se dá no aqui e no agora ou, para nos valer da ideia de hífen, no espaço *entre* os dois. Ay Ombe!

TRABALHOS CITADOS

Alexander, M. Jacqui. *Pedagogies of Crossing: Meditations on Feminism, Sexual Politics, Memory, and the Sacred.* Durham, N.C.: Duke University Press, 2005. Impresso.

Báez, Josefina. "Comrade, Bliss ain't playing." *Dramaturgia Ay Ombe I.* s/d.

Báez, Josefina. Comrade, Bliss ain't playing. New York: Ay Ombe Theatre / I om be Press, 2008. Impresso.

Báez, Josefina. Entrevista. 17 de abril de 2012.

García-Peña, Lorgia. "Performing Identity, Language and Resistance: A Study of Josephina Báez's Dominicanish." Wadabagei, Journal of Afro-Caribbean Studies and Its Diaspora. *Spring 2008.* Impresso

Hall, Stuart. "Cultural identity and diaspora." In: Rutheford, K. *Identity, community and difference.* Londres: Lawrence and Wishart, 1990. p. 222-237. Impresso.

Lopes, Denilson. *A delicadeza: estética, experiência e paisagens.*

Maldonado-Torres, Nelson. *Against War: Views from the Underside of Modernity.* Duke University Press. 2008. Impresso.

Nietzsche, Friedrich. "Ecce homo." *Obras incompletas*. São Paulo: Abril Cultural, 1974. Impresso.

Oczkowicz, Edita. "Playing with Diaspora in Josefina Báez's *Comrade, Bliss Ain't Playing*." ACWWS Conference at the University of Louisiana. April, 2010.

Oliveira Neto, Godofredo. "O pós-pós moderno: novos caminhos da prosa brasileira." Rio de Janeiro: Editora Multifoco, 2011. Impresso.

Josefina Baez (A Romana, República Dominicana/Nova Iorque). Artista de performance, escritora e diretora de teatro. Devota. Criadora e "construtora" da Autologia da performance© (PA).

Cristiane Lira (São Paulo – Brasil / Athens – EUA). Doutoranda em Literatura brasileira e hispano-americana pelo Departamento de Línguas Românicas da Universidade da Geórgia – EUA. Mestre em Línguas Românicas com especialização em Literatura brasileira pela mesma instituição (2011). Possui pós-graduação em Literatura brasileira e portuguesa pelo Centro Universitário UNIFIEO, BR (2002) e é formada em Letras pela mesma instituição (2001).

Camarada Plenitude não 'tá de brincadeira, um resultado da autologia da performance, teatro Ay Ombe / Processo criativo Josefina Baez.
Produzido pelo teatro Ay Ombe.
Autologia da performance. Processo criativo baseado na autobiografia do doador. O jeitinho "Ay Ombe" de ser.
O Teatro Ay Ombe é a dinâmica coordenada para que o criativo seja a expressão do espírito e o entretenimento diário seu rigoroso e harmonioso sistema de vida. Tecnicamente, usando o imprenscindível; o desenvolvimento desde e com consciência; a sanidade física e mental do criador/artista é a maior criação vital. O trabalho criador é hiper-subjetivo.
Algumas de nossas fontes incluem: biomecânica de teatro, yoga, meditação, caligrafia chinesa, dança e música do mundo, artes visuais, vídeo, literatura, técnicas de cura e ciências sociais.

"Ay Ombe" é uma das mais versáteis frases utilizadas na República Dominicana; contendo possivelmente todos os modos, dependendo somente da maneira como é colocada na frase.

www.ingramcontent.com/pod-product-compliance
Lightning Source LLC
LaVergne TN
LVHW051801080426
835511LV00018B/3377